BALI
lieben lernen

Der perfekte Reiseführer für einen unvergesslichen Aufenthalt auf Fuerteventura inkl. Insider-Tipps, Tipps zum Geldsparen und Packliste

Mira Letttau

Alle Ratschläge in diesem Buch wurden vom Autor und vom Verlag sorgfältig erwogen und geprüft. Eine Garantie kann dennoch nicht übernommen werden. Eine Haftung des Autors beziehungsweise des Verlags für jegliche Personen-, Sach- und Vermögensschäden ist daher ausgeschlossen.

Bali lieben lernen
Copyright © 2019 Mira Lettau
www.inselliebe-verlag.de

Für Fragen und Anregungen:

info@inselliebe-verlag.de

Auflage 2019

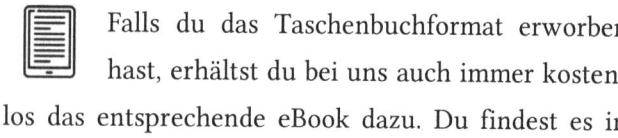 Falls du das Taschenbuchformat erworben hast, erhältst du bei uns auch immer kostenlos das entsprechende eBook dazu. Du findest es in deinem Amazon-Konto.

Als Kunde unseres Verlagshauses hast du die Möglichkeit, dich mit unserem Mutterverlag bei Facebook zu verbinden und dir deinen Zugang zu unserem exklusiven Online-Archiv zu sichern. Du hast dort direkten Zugang zu vielen unserer Bücher und kannst dir diese kostenlos als PDF downloaden.

www.bit.ly/inselliebe-verlag

Zusätzlich hast du die Möglichkeit, über unsere Neuerscheinungen informiert zu werden und diese innerhalb der ersten 5 Tage kostenlos als eBook herunterzuladen.

Klicke jetzt auf den Link, um dir kostenlos deinen Lesestoff zu vielen interessanten Themen zu sichern!

INHALT

Das erwartet Sie in diesem Reiseführer

Bali ist für viele Menschen weit mehr als nur ein einfaches Urlaubsziel. Viele Reisende sind auf der Suche nach Inspiration oder dem richtigen Weg zu sich selbst.

Aber was ist eigentlich so besonders an der indonesischen Insel? Warum bereisen Menschen aus aller Welt fast ganzjährig diesen Ort? Dieser Reiseführer enthält die wichtigsten Tipps für Ihren ersten Trip nach Bali und verschafft Ihnen einen Einblick in die Kultur, den balinesischen Lifestyle und die Orte,

die Sie unbedingt gesehen haben sollten.

Lassen Sie sich verzaubern und begeben Sie sich auf eine magische Reise an einen der wohl faszinierendsten Orte Südostasiens.

So lebt Bali

Aber lassen Sie uns ganz von vorne beginnen. Das Tropenparadies Bali gehört zum Inselstaat Indonesien und ist unter mehr als 17.000 Inseln für die meisten Urlauber wohl die bekannteste. Des Öfteren wird sie als die Insel der Götter bezeichnet, zeichnet Bali sich doch durch seine einzigartige Kultur und die fast ausnahmslos gläubige Bevölkerung aus.

Der Großteil der Einheimischen gehört dem Hinduismus an, womit sich Bali vom Rest der überwiegend muslimischen Bevölkerung Indonesiens unterscheidet.

Zeremonien, traditionelle Tänze und spektakuläre Theateraufführungen haben schon unzählige Touristen begeistert und ihnen den Glauben der Balinesen näher gebracht.

Ein Besuch im Tempel gehört also definitiv zu den Highlights, welches Sie sich keinesfalls entgehen lassen sollten. Aber nicht nur die Architektur der Tempel ist schön anzusehen, sondern auch die vielen bunten Opfergaben, die sich quer durch die ganzen Straßen Balis verteilen. Wobei das Opfern auf Bali nicht im Sinne von „ein Opfer bringen" angesehen wird,

sondern eher als eine Überreichung oder Darbietung an die Götter.

Als Gegenleistung für diese Gaben erhalten die Balinesen Schutz vor Krankheit und bösen Mächten.

Bei meinem ersten Besuch noch etwas verwundert, empfinde ich die vielen kleinen Schalen auf den Bürgersteigen, die mit Blumen, Reis und Räucherstäbchen gefüllt sind, mittlerweile als ganz normal.

Sie gehören einfach dazu und sind für die Einheimischen von großer Bedeutung.

Bali ist übrigens auch ein wahres Paradies für jeden Hundeliebhaber!

Die Vierbeiner spazieren hier ganz selbstverständlich durch die Straßen und leisten Ihnen beim Sonnen am Strand Gesellschaft.

Nicht nur diese Dinge machen Bali für mich zu einem ganz besonderen Ort, denn egal ob Sie religiös sind oder nicht, ob Sie Hunde mögen oder nicht, die Leichtigkeit der Einwohner ist ansteckend und an jedem Ort der Insel spürbar.

Jeder Mensch und jedes Lächeln gibt Ihnen etwas Einzigartiges. Ein Gefühl von Liebe, Gegenwärtigkeit und Zusammenhalt. Und ein Lächeln sagt bekanntlich mehr als tausend Worte, womit wir auch bei der ersten wichtigen Frage wären: Wie können Sie sich eigentlich verständigen? Neben der eigenen Landessprache Bahasa Bali (Balinesisch) dominiert auf der Insel die Amtssprache Bahasa Indonesia (Indonesisch).

Durch den wachsenden Tourismus hat sich aber auch Englisch als eine der gängigen Sprachen etabliert, weshalb Sie damit gerade in den touristischen Orten keinerlei Probleme haben sollten. Dennoch habe ich festgestellt, dass es eine wirklich nette Geste ist, sich das ein oder andere Wort der Landessprache einzuprägen und den Einheimischen eine kleine Freude zu bereiten. Probieren Sie es einfach mal aus. Zu unserem Vorteil: Man spricht es genau so aus, wie man es liest.

Danke - Terima kasih

Bitte - Sama Sama

Guten Morgen - Selamat Pagi

Guten Abend - Selamat Malam

Wie geht es dir? - Apa kabar?

Entschuldigen Sie, bitte - Permisi

Einmal Millionär sein

Wer hat nicht schon mal davon geträumt, eines Tages Millionär zu sein? Diesen Traum können Sie sich nun erfüllen. Zumindest während Ihres Aufenthalts in Bali. Klingt das interessant? Dann bleiben Sie dran. Die offizielle Währung auf Bali sind die indonesischen Rupiah, kurz IDR.

Die bunten Scheine haben bei mir zu Beginn oft für Verwirrung und ein wenig Chaos im Kopf gesorgt, lassen sich aber anhand der Farben schnell unterscheiden. Sie werden nach wenigen Tagen feststellen, dass Ihnen das Bezahlen mit dem Bargeld schon viel leichter fällt.

Die Banknoten starten bei 2000 IDR und enden bei 100.000 IDR.

Ein einfacher Tipp, um den Überblick zu behalten:

100.000 IDR entsprechen je nach Wechselkurs ca. 6€. Nun können Sie sich also vielleicht schon ein Bild davon machen, wie schnell die erste Millionen zusammenkommt.

Größtenteils wird in den Restaurants und Cafés Bargeld bevorzugt, jedoch können Sie in den meisten Fällen auch problemlos mit Ihrer Kreditkarte zahlen.

Bargeld können Sie hier an jedem ATM abheben.

Sollten Sie dennoch schon Banknoten aus Deutschland mitbringen, können Sie diese ganz einfach vor Ort in indonesische Rupiah umtauschen. Der Euro wird in jeder Wechselstube akzeptiert. Informieren Sie sich vorher über den aktuellen Wechselkurs und achten Sie darauf, dass Sie zu einem der autorisierten Money Changer gehen. Viele der kleinen Stuben am Straßenrand erheben Gebühren oder der ein oder andere Schein verschwindet schon mal unter dem Tresen. Es empfiehlt sich also auch, das Geld unmittelbar nach dem Wechseln sorgfältig zu zählen.

Aber wie viel Geld brauchen Sie für den Aufenthalt und wofür sollten Sie Ihr Budget einplanen?

Das hängt natürlich ganz von dem Ziel und der Art Ihrer Reise ab.

Hier stehen Ihnen alle Türen offen. Von einem All-Inclusive Urlaub in einer exklusiven Hotelanlage über einen Low-Budget Trip in einem gemütlichen Homestay ist alles möglich.

Aber selbst mit einem kleinen Budget können Sie es sich hier richtig gut gehen lassen!

Sie Reisen in einer Gruppe oder mit der Familie?

Dann lohnt es sich, nach einer schönen, privaten **Villa** Ausschau zu halten und die Kosten zu teilen.

Wenn Sie alleine unterwegs sind und gerne Kontakte knüpfen, aber trotzdem Ihre Privatsphäre haben möchten, können Sie schon für rund 10€ ein privates Zimmer in einem eher familiären **Homestay** mieten. Einige Räume, zum Beispiel die Küche, werden gemeinschaftlich genutzt und laden zum gemeinsamen Kochen ein.

Aber auch für Backpacker oder Reisende mit kleinem Budget hat Bali viele Möglichkeiten der Unterkunft zu bieten.

Günstige **Hostels** haben oft sogar ein Frühstück inklusive und lassen sich auf sämtlichen Webseiten von verschiedenen Reiseanbietern finden.

Bevor Sie allerdings etwas buchen, ist es immer ratsam, sich Bewertungen von anderen Reisenden durchzulesen, um sicher zu gehen, dass einem schönen Aufenthalt und erholsamen Nächten nichts im Wege steht.

Ich persönlich habe bisher noch keine schlechten Erfahrungen gemacht.

Wenn Sie nun einen passenden Schlafplatz gefunden haben, sollten Sie sich Gedanken darüber machen, wie Sie sich auf der Insel von A nach B bewegen können.

Am einfachsten geht das hier mit einem Scooter. Den gibt es schon ab 3€ pro Tag und ist im balinesischen Straßenverkehr deutlich leichter zu handhaben als ein Auto.

Bisher war es mir immer möglich, diesen gleich zu Beginn in meiner Unterkunft zu mieten.

Sollte das bei Ihnen nicht der Fall sein, gibt es so ziemlich an jeder Straßenecke einen Scooterverleih.

Und nun? Roller mieten und einfach ab? Man könnte meinen, das ist die Einstellung der meisten Inselbesucher! Da es hier bis auf den Linksverkehr so gut wie keine Verkehrsregeln gibt, kann es auch schnell mal ein bisschen chaotisch werden.

Dennoch ist es eine einzigartige Erfahrung, die eine Menge Spaß mit sich bringt.

Noch ein kleiner Hinweis von mir: Wenn Sie auf Nummer sicher gehen möchten, sollten Sie sich vorab einen internationalen Führerschein beantragen. Das ist nicht teuer und erspart Ihnen möglicherweise Ärger und Geld, falls Sie mal in eine Kontrolle geraten sollten.

Gerade Touristen werden auf längeren Strecken über die Hauptstraßen hin und wieder von der Polizei aus dem Verkehr gezogen.

Wenn Ihnen das Ganze zu bunt werden sollte und Sie doch lieber auf die Fahrkünste der Einheimischen vertrauen möchten, gibt es unkomplizierte Apps wie beispielsweise "Go-JeK" oder "Grab", die es Ihnen ermöglichen, mit wenigen Klicks und für kleines Geld einen Fahrer zu finden, der Sie sicher an Ihr Ziel bringt.

Es gibt jedoch einige Orte in Bali, in denen die Apps nicht zugelassen sind, da es immer wieder zu Konflikten mit den lokalen Taxifahrern kommt. Darauf wird Ihr Fahrer Sie allerdings vorab hinweisen oder einen anderen Treffpunkt mit Ihnen vereinbaren.

Damit wäre also schon ein Teil Ihres Budgets verplant. Das ist aber absolut kein Problem! Denn für wenig bekommen Sie hier ziemlich viel.

Bali ist nicht nur bekannt für seine traumhaften und tropischen Kulissen, sondern auch für die unzählige Auswahl an Cafés und Restaurants mit dem wohl fotogensten Essen für Ihren Social Media Account.

Die Insel steht für den gesunden Lifestyle und ist ein wahres Paradies für Vegetarier und Veganer. Von Smoothie Bowls über Avocado Toast bis hin zu den ausgefallensten Burger Kreationen bleibt kein Wunsch offen.

Doch abgesehen von der eher westlich beeinflussten Küche sollten Sie auch unbedingt typisch indonesischen Gerichten eine Chance geben.

Dafür lohnt sich ein Besuch in einem der zahlreichen **Warungs**.

Kleiner Tipp dazu: Essen Sie am besten dort, wo sich viele Einheimische, aber auch Touristen aufhalten. Das bedeutet immer, dass sowohl Wert auf die Qualität der Lebensmittel als auch auf die Hygienestandards gelegt wird.

Der Besuch im Warung lohnt sich aber nicht nur für das unfassbar gute Essen, sondern schont auch Ihren Geldbeutel. Einen vollgepackten Teller plus Getränk gibt es hier schon für unschlagbare 2,50€.

Was brauchen Sie abgesehen von guter Laune noch?

Um mit Ihren Liebsten in der Heimat verbunden zu bleiben, sich ein Grab/GoJek Car zu ordern oder vor Ort das eigene Navigationssystem auf dem

Smartphone zu nutzen, empfehle ich Ihnen, sich eine lokale SIM-Karte zu kaufen. Das können Sie theoretisch direkt nach Ihrer Ankunft am Flughafen erledigen. Ansonsten geht das auch an jedem Kiosk oder in speziellen Mobilfunkgeschäften. Die Kosten für eine einfache Karte mit 9 GB Datenvolumen liegen ungefähr bei 150.000 IDR. Bei mir hat das für den gesamten Aufenthalt von 4 Wochen gereicht. Die SIM-Karte lässt sich sonst aber auch problemlos wieder aufladen.

Magische Orte mit magischer Wirkung

Viel wichtiger als die Frage, *wofür* Sie Ihr Geld ausgeben, ist aber doch die Frage, *wo* Sie es ausgeben. Kommen wir also nun zu den Orten, die Sie unbedingt gesehen haben sollten. Stellen Sie sich darauf ein, dass so ziemlich jeder Ort hier auf Bali seine eigenen, ganz besonderen Merkmale hat. Ich möchte Ihnen von denen erzählen, die mich besonders fasziniert haben.

NAMASTE UBUD

Ubud. Ein Ort, der zweifellos eines der besten Beispiele dafür ist, dass Bali mehr als nur lange Strände mit blauem Meer und perfekten Wellen zu bieten hat.

Umgeben von tropischen Regenwäldern und gigantischen Reisterrassen bildet Ubud das kulturelle und künstlerische Herz Balis und ist bekannt für seine Spiritualität, Yoga Retreats und traditionelle balinesische Tänze.

Auf Bali gibt es keinen besseren Ort als diesen, um die Bedeutung des Hinduismus und die Traditionen des balinesischen Volkes kennenzulernen und zu verstehen. Aber auch wenn Sie mit dem spirituellen Lebensstil nicht vertraut sind, sollten Sie sich ein paar Tage Zeit nehmen, um die Gegend zu erkunden, denn in Ubud gibt es wirklich viel zu sehen.

Nicht nur die wichtigsten und berühmtesten Tempel von Bali, sondern auch die beeindruckenden Reisfelder, die schon durch den Film "Eat, Pray, Love" bekannt wurden, befinden sich hier.

Neben Souvenirshops, Spas, Handwerks- und Kunstgalerien verteilen sich zahlreiche Restaurants über das ganze Zentrum. Ubud ist nicht nur ein wahres Paradies für Yogis und Kunstliebhaber, sondern auch für Vegetarier und Veganer. Aber keine Sorge, hier kommt jeder auf seinen Genuss.

Vorab meine Top 3 Restaurants/Cafés:
Clear Cafe - liebevoll eingerichtet, umfangreiche Speisekarte und der beste vegane Brownie in Ubud
Melting Wok Warung - nette Atmosphäre, regionale Küche für den kleinen Geldbeutel
The Elephant - All Day Breakfast mit einer tollen Aussicht

Das Zentrum von Ubud ist nicht nur voller Restaurants, sondern auch von unzähligen Touristenattraktionen geprägt. Doch welche davon lohnen sich wirklich?

Ich habe sowohl die bekanntesten, als auch die sehenswertesten kurz für Sie zusammengefasst.

Sacred Monkey Forest:

Ja, Sie haben richtig gelesen. Mitten im Zentrum von Ubud liegt der berühmte Sacred Monkey Forest. Doch es ist nicht einfach nur ein Affenwald. Denn neben den neugierigen Waldbewohnern gibt es noch bedeutend mehr zu erkunden.

Sobald Sie den Eingang passiert haben, werden Sie auf dem Weg in das Innere des Waldes schon von den ersten Affen begrüßt.

Verstauen Sie direkt zu Beginn alles, was nicht festgewachsen ist, in Ihrer Tasche und verschließen Sie diese gut, denn die Affen sind nicht nur schnell, sondern auch ziemlich klug. Einmal nicht aufgepasst und Sie sind Ihre Sonnenbrille los.

Weiter geht's in das Innere des Urwaldes, welches schon fast geheimnisvoll wirkt. Zwischen riesigen Bäumen und Lianen befinden sich Tempel und kleine Flüsse.

Einerseits würde ich sagen, dass jeder, der schon einmal in Ubud ist, den Monkey Forest gesehen haben sollte, andererseits ist der Ort mittlerweile sehr überlaufen und hat einen Großteil seiner Magie verloren.

Ich denke, diese Erfahrung sollte jeder selbst machen. Wenn Sie sich den Eintrittspreis von 80.000 IDR dennoch sparen möchten, laufen Sie einfach mal durch die Straßen rund um den Monkey Forest und beobachten Sie die Affen in freier Wildbahn.

Puri Saren Agung:

Besser bekannt als der Ubud Palace diente der Puri Saren Agung jahrelang als die offizielle Residenz der königlichen Familie von Ubud.

Hier können Sie mehr als nur die sehr gut erhaltene balinesische Architektur und die bezaubernden Gartenanlagen bestaunen, denn der Ubud Palace ist unter Liebhabern der balinesischen Künste als einer der Hauptstandorte für dramatische Tanzaufführungen bekannt.

Ubud Art Market:

Der Ubud Art Market ist ein toller Einkaufsort für balinesisches Kunsthandwerk, Souvenirs, Schmuck, Kleidung, Taschen und viele andere handgefertigte Waren, welche größtenteils in den benachbarten Dörfern Pengosekan, Tegallalang, Payangan und Peliatan hergestellt werden.

Lokal bekannt als Pasar Seni Ubud befindet sich der Markt direkt gegenüber des Puri Saren Agung und ist täglich geöffnet.

Saraswati-Tempel:

Auch bekannt als Ubud Water Palace ist dieser Tempel wirklich ein wahrer Hingucker. Ob tagsüber für ein tolles Urlaubsfoto von Ihnen, wie Sie von Lotusblüten umgeben sind, oder am Abend zu einer traditionellen Tanz- oder Theateraufführung –ein Besuch lohnt sich allemal.

Die Kosten für die abendlichen Vorstellungen liegen bei rund 100.000 IDR, also bei ca. 6€

Tirta Empul:

Der Tirta Empul ist einer der 9 Staatstempel hier auf Bali, der gerade für die Einheimischen von sehr großer Bedeutung ist. Gläubige und Touristen baden in den heiligen Quellen, welche nach hinduistischem Glauben eine reinigende Wirkung auf Geist und Seele haben. Doch dieses Ritual ist natürlich kein Muss! Dennoch ist die gesamte Tempelanlage sehr sehenswert. Der Eintrittspreis liegt bei 50.000 IDR.

Goa Gajah, Elefantenhöhle:
Die Elefantenhöhle ist kein klassischer Tempel, sondern eine archäologische Stätte von hohem historischen und religiösen Wert. Sie galt lange als heiliger Ort der Meditation.

In seinem dunklen Inneren befinden sich noch weiter entfernte hinduistische und buddhistische Skulpturen. Der Name bezieht sich jedoch auf die Hauptskulptur, das Gesicht eines Elefanten, die sich direkt am Eingang befindet.

Der Komplex ist täglich von 8 bis 17 Uhr geöffnet. Tickets kosten ca. 50.000 IDR.

Wichtiger Hinweis: Wenn Sie einen Ausflug in den Tempel planen, achten Sie darauf, dass Sie Kleidung tragen, welche die Knie bedeckt. Falls Sie aber dennoch mal einen der Tempel spontan besichtigen, werden in der Regel an den Eingängen Sarongs verliehen, die Sie sich umbinden können.

Wenn Sie allerdings glauben, das war schon alles, haben Sie sich getäuscht. Denn nicht nur im Zentrum gibt es viel zu sehen, sondern auch eine Tour rund um Ubud darf auf Ihrer Reise nicht fehlen.

Tegalalang Rice Terraces:
Die weltbekannten Reisterrassen von Bali und wohl eine der meistbesuchten Touristenattraktionen nur wenige Fahrminuten vom Zentrum Ubuds entfernt.

Schon bei der Anfahrt bietet sich von der Straße aus ein traumhafter Ausblick auf die von Palmen umgebenen Reisfelder, welche Sie durch die angelegten Wege bis hoch zum Berg an der gegenüberliegenden Seite durchqueren können.

Um dem Ansturm von Touristen und der Mittagssonne zu entgehen, würde ich empfehlen, die Reisterrassen von Tegalalang am frühen Morgen zu besuchen, da es tagsüber oft überlaufen ist und nur wenige schattige Plätze zu finden sind.

Eintritt kostet der Besuch nicht. Dennoch sollten Sie kleinere Banknoten mitbringen, um an den Checkpoints eventuell etwas Bargeld in die Spendenboxen der Einheimischen zu werfen.

Mount Batur:

Wenn Sie Abenteuer und Natur mögen, ist eine Tour zum Mount Batur genau richtig für Sie. Haben Sie sich jemals vorgestellt, den Sonnenaufgang von der Spitze eines Vulkans aus zu sehen?

Auch das ist hier möglich. Buchen Sie die Tour am besten schon 1 bis 2 Tage im Voraus über eine Agentur im Zentrum von Ubud.

Ein Fahrer holt Sie dann gegen 02:00 Uhr in Ihrer Unterkunft ab und bringt Sie zum etwa anderthalb Stunden entfernten Mount Batur. Für die Wanderung sollten Sie nochmal weitere zwei Stunden einplanen. Das mag Ihnen im ersten Moment vielleicht etwas anstrengend erscheinen, ist aber eine Erfahrung, an die Sie sich mit Sicherheit für immer erinnern werden.

Der Preis für den gesamten Ausflug (inklusive Fahrer, Guide und Frühstück) liegt zwischen 300.000

und 350.000 IDR. Um all diese Dinge in Ruhe zu erkunden, würde ich Ihnen einen Aufenthalt von mindestens 3-4 Tagen empfehlen.

CANGGU IS FOR LOVERS

Canggu hat auf viele Reisende eine magische Wirkung und lohnt sich definitiv für längere Aufenthalte.

Aber was genau unterscheidet Canggu von all den anderen Orten hier auf Bali?

Ich werde versuchen, es Ihnen zu erklären, denn auch ich habe hier mein Glück gefunden.

Ich bin jetzt einfach mal so mutig und behaupte, dass Sie in Canggu alles finden, was Sie für die ultimative Bali-Erfahrung brauchen.

Von kilometerlangen Stränden über großartige Cafés und Restaurants bis hin zum bunten Nachtleben ist für jeden und jede etwas dabei.

Sehenswürdigkeiten und Touristenattraktionen gibt es hier im Gegensatz zu Ubud jedoch relativ wenige. Dennoch sollten die folgenden Dinge gesehen haben:

Pura Tanah Lot:

Aufgrund seiner ausgefallenen Lage inmitten des Meeres ist der Tanah Lot Tempel auch als Balis Wassertempel bekannt. Viele einheimische Balinesen halten in dem Hindutempel seit Jahrzehnten ihre Gebete und Zeremonien ab. Mittlerweile ist es einer der meist fotografierten Tempel in Bali. Deshalb kann es hier gerade zum Sonnenuntergang recht voll werden. Doch dieser Ausblick ist es in jedem Fall wert! Wenn Sie es ein wenig ruhiger mögen, kommen Sie am besten am frühen Morgen. Der Tempel ist täglich von 07:00 - 19:00 Uhr geöffnet. Die Kosten für den Eintritt liegen bei 60.000 IDR

Shortcut:

Eine Fahrt über den berühmten Shortcut ist fast unumgänglich. Es ist nicht nur eine Abkürzung, um den Verkehr auf den Hauptstraßen zu umgehen, sondern auch die Verbindung zwischen Canggu und dem neuen Trend-Ort Berawa. Die eigentliche Abkürzung wird aber auch gerne mal zu einem Umweg.

Die Straße führt mitten durch die Reisfelder und ist gerade mal so breit, dass ein normal großes Auto und ein Scooter die Strecke gleichzeitig passieren können. Der Weg sollte also eigentlich nur in eine Richtung verlaufen. Eigentlich.

Dennoch kommt es mehrmals täglich vor, dass vor allem Taxifahrer die Straße aus beiden Richtungen befahren und erst auf halber Strecke bemerken, dass dafür gar nicht ausreichend Platz vorhanden ist. Somit sind in den letzten Jahren unzählige Autos und Scooter in den Reisfeldern gelandet. Seien Sie also immer auf ein ganz besonderes Shortcut Abenteuer vorbereitet und planen Sie auch mal ein bisschen mehr Zeit ein.

Canggu hat sich in den letzten Jahren stetig entwickelt und ist der Hotspot für Menschen aus aller Welt geworden. Ob gesundheitsbewusst und sportlich aktiv, digitaler Nomade oder auf der Suche nach einem Abenteuer – Wenn Sie einmal angekommen sind, werden Sie wissen, wovon ich spreche. So wie in den meisten Gegenden. Versuchen Sie sich ein Bild von einem typischen Tag hier in Canggu zu machen. Es gibt wohl nichts Entspannteres, als morgens nach dem Aufstehen an den Strand zu fahren, eine frische Kokosnuss zu schlürfen und die zahlreichen Surfer im Wasser zu beobachten. Sollten Sie aber doch mal ein wenig Action brauchen, wagen Sie doch selbst mal einen Versuch auf dem Surfboard. Keine Panik, auch ohne Erfahrung gelingt Ihnen hier schnell der Einstieg!

An nahezu jedem Strand werden Surfkurse für Einsteiger angeboten, die Sie ganz spontan buchen können. Wenn Sie schon ein wenig Übung haben, können Sie sich auch einfach ein Board leihen und mit Surfern aus aller Welt die Wellen genießen. So ein Tag am Strand macht hungrig. Kein Problem!

Canggu ist ein wahres Food-Paradies. Fahren Sie nur einmal die wohl bekannteste Straße "Jalan Pantai Batu Bolong" entlang und Sie werden Ihr Glück kaum fassen können. Restaurants und hippe Cafés soweit das Auge reicht. Und das für jeden Geldbeutel!

Meine absoluten Favoriten:
The Shady Shack - gesund, lecker, gemütliche Location
Varuna Warung - regionale Küche, günstig, einfach ein Muss!
Cinta Café - traumhafter Ausblick, tolles Personal, leckeres Frühstück

Probieren Sie sich einfach mal durch die kulinarische Vielfalt, lassen Sie sich aber keinesfalls das regionale Essen entgehen.

Gut gesättigt geht es dann auf ins Nachtleben. In Canggu haben Sie praktisch jeden Tag die Möglichkeit, eine coole Party zu besuchen oder einfach nur gemütlich ein paar Bier in einer Bar direkt am Strand zu trinken.

Hier meine Top 3 Locations:

Luigis Hot Pizza - Jeden Montag gibt es hier die perfekte Kombination aus Pizza und Party.

Pretty Poison - Skaten und Drinks in einer außergewöhnlichen Location direkt auf dem abenteuerlichen Shortcut, immer dienstags und donnerstags

Old Man's - Ein wahrer Hotspot für Singles! Beerpong, Margaritas und elektronische Musik gibt es an jedem "Dirty Ol'Wednesday".

Und das sind nur einige wenige Beispiele für das bunte Nachtleben hier in Canggu. Mein ganz besonderer Tipp an Sie: Genießen Sie jeden Tag in vollen Zügen. Ich bin mir sicher, dass Sie hier eine unvergessliche Zeit haben werden.

ULUWATU, DER WELLENREITER AUF ÜBERHOLSPUR

Uluwatu entwickelt sich nach und nach zu einem weiteren Hotspot der Insel, ist aber dennoch eher einer der ruhigeren Orte an der Südspitze, fernab vom Massentourismus.

Er ist nicht nur für seine perfekten Wellen bekannt und deshalb besonders bei Surfern aus aller Welt so beliebt, sondern gerade bei all denen, die es lieben, sich an paradiesischen Stränden zu sonnen.

Kristallklares Wasser, weißer Sand und atemberaubende Klippen - Uluwatu ist ein Ort, an dem Sie all diese Dinge finden werden.

Bevor ich aber zu all den Traumstränden und anderen Sehenswürdigkeiten komme, sollten Sie eines wissen: Hier ist ein Scooter definitiv notwendig. Anders als in den dichter bebauten und deutlich touristischeren Gegenden von Bali sind die Entfernungen hier etwas größer, dafür der Verkehr aber auch deutlich entspannter.

Hier ist also vielleicht sogar der perfekte Ort, um ein wenig Fahrpraxis zu sammeln.

Erster Halt:

Thomas Beach:

Vorab: Die Möglichkeit, diesen wunderschönen Strand und die gesamte Umgebung zu bestaunen, ist jede einzelne Stufe der nach unten führenden Treppe wert!

Und wenn Sie erstmal unten angekommen sind, wissen Sie, wovon ich rede.

Der Thomas Beach ist ein etwas versteckter, aber absolut traumhafter Strand, der Sie alles rundherum vergessen lässt.

Dieser Ort ist also ideal zum Entspannen. Denn im Gegensatz zu vielen anderen Stränden müssen Sie Ihren Platz hier nicht mit unzähligen weiteren Touristen teilen.

Da auch das Meer hier im Allgemeinen etwas ruhiger ist, können Sie problemlos schwimmen gehen und die unglaubliche Aussicht auf die umliegenden Klippen aus dem Meer heraus genießen.

Entlang des gesamten Strandes befinden sich viele kleinere Buden, die Speisen und Getränke verkaufen oder sogar Ausrüstungen zum Surfen verleihen.

Padang-Padang Beach:

Der Strand, der schon als Kulisse für den Film "Eat, Pray, Love" diente, hat einen noch etwas spezielleren Zugang.

Denn auch hier müssen Sie mehrere Stufen über einen schmalen Pfad zwischen hohen Felsen hinuntersteigen, um an den Strand zu gelangen.

Aber der spezielle Teil kommt erst noch. Der Padang-Padang Beach ist nämlich nicht nur bei Touristen aus aller Welt sehr beliebt, sondern auch bei den einheimischen Affen.

Demnach kann es durchaus sein, dass diese Ihnen nicht nur auf Ihrem Weg nach unten, sondern auch am Strand selbst Gesellschaft leisten.

Zwar haben die einheimischen Verkäufer, welche vor Ort ihre Handarbeiten, Getränke und ausgefallene Souvenirs verkaufen, die flinken Hände der Affen immer gut im Blick, dennoch sollten Sie Ihre Sachen nicht aus den Augen lassen.

Der Eintritt für den Padang-Padang Beach liegt bei 15.000 IDR.

Bingin Beach:

Spätestens nachdem ich zwei der Strände in Uluwatu besucht habe, ist mir eine Sache klar geworden. Hier muss man erst schwitzen, bevor man sich entspannen kann. Denn auch zum Bingin Beach führen gefühlt mehrere tausend Stufen hinab. Aber auch hier garantiere ich Ihnen, dass es die Mühe wert ist. Umgeben von kristallklarem Wasser und luxuriösen Hotels und Gasthäusern lohnt sich besonders am Abend ein Besuch in einem der Restaurants.

Gerade für Fischliebhaber ein absolutes Muss! Denn da landet das Essen quasi frisch aus dem Meer direkt auf Ihrem Teller. Aber keine Bange, hier wird jeder satt. Denn auch für die Vegetarier und Veganer gibt es genügend Optionen.

Nachdem Sie Tausende von Stufen zu den Stränden Uluwatus auf- und abgestiegen sind, sollten Sie sich Zeit für die anderen Sehenswürdigkeiten nehmen.

Balangan Cliff:

Eine der schönsten Sehenswürdigkeiten von Uluwatu ist die Balangan Beach Klippe.

Mit diesem Panoramablick auf den Strand von Balangan ist es kein Wunder, dass der Ort einer der meistgenutzten Fotospots für Hochzeitspaare und auf unzähligen Postkarten abgebildet ist. Nehmen Sie sich etwas Zeit, genießen Sie den Ausblick und vergessen Sie nicht ein Erinnerungsfoto für Ihren Instagram Feed zu schießen.

Uluwatu-Temple:

Auf einer 70 Meter hohen Klippe befindet sich ein weiterer berühmter Hindu-Tempel Balis, der Uluwatu-Tempel. Umgeben von einer atemberaubenden Natur und einem Ausblick auf das Meer gehört dieser Ort zu den Highlights in Uluwatu. Im Inneren des Tempels wird während des Sonnenuntergangs ein typisch balinesischer Feuertanz namens Kecak aufgeführt, der schon fast einem Schauspiel gleicht. Die Mischung aus Musik, Tanz und bunten Kostümen ist eine symbolische Art, etwas über die hinduistische Kultur und die Geschichte Balis zu erzählen. Ein einfacher Besuch in den Uluwatu-Tempel kostet 30.000 IDR. Die spektakuläre Tanzvorstellung am Abend können Sie sich für nur 100.000 IDR ansehen.

Garuda Wisnu Kencana:

Garuda Wisnu Kencana, oder kurz GWK, ist der Name eines Kulturparks an Balis hügeliger Südküste, nicht weit von Uluwatu entfernt. Der Park ist für den

Bau einer gigantischen Statue berühmt, welche als nationales Wahrzeichen Indonesiens gilt.

Umgeben von anderen Skulpturen und einer riesigen Gartenanlage, ist der Kulturpark zu einem der beliebtesten Orte für Kulturveranstaltungen, Kunstausstellungen und Konzerte geworden. Der Besuch in den Park hat aber auch seinen Preis.

Mit 200.000 IDR pro Person, wohl eine der kostspieligsten Unternehmungen in Uluwatu. Ganz anders als in Ubud und Canggu, reiht sich hier nicht ein Restaurant an das nächste. Zumindest noch nicht.

Dennoch habe ich auch hier die besten ausfindig gemacht und für Sie in einer Top 3 Liste zusammengefasst.

The Loft - Gute Optionen für Frühstück, Mittag- und Abendessen, moderne Location, sehr aufmerksames Personal

The Cashew Tree - gesundes Essen, große Auswahl für Veganer; angenehme Atmosphäre

La Barraca - Pizza und Pasta, sehr gutes Preis-Leistungsverhältnis und eine ausgefallene Inneneinrichtung

Zwar hält sich auch die Auswahl an Ausgehmöglichkeiten in Grenzen, jedoch befinden sich hier in Uluwatu einige der bekanntesten Party-Locations mit ebenfalls spektakulären Ausblicken.

Single Fin - tagsüber ein Beachclub mit Wahnsinns-Aussicht, jeden Mittwoch- und Sonntagabend mit Sicherheit die beliebteste Party in Uluwatu.

Omnia - der Trendclub schlechthin, neben Parties mit angesagten DJ's auch für seine ausgefallene Location bekannt

Ulu Cliffhouse - besonders beliebt bei Freunden von elektronischer Musik, neben einem Pool auf der Tanzfläche gibt es ein Restaurant mit Meerblick

Uluwatu ist wirklich sehenswert, lohnt sich allerdings eher für kurze Aufenthalte oder Tagesausflüge. Man mag es kaum glauben, aber auch das Leben auf Bali kann manchmal ein wenig hektisch werden. Wieso also nicht mal raus aus dem Trubel und die pure Entspannung auf einer der nahegelegenen Inseln genießen? Manchmal reicht auch nur ein einziger Tag, um die Energiereserven wieder aufzuladen.

Die Inseln haben aber noch viel mehr zu bieten. Auch für die Abenteuerlustigen unter Ihnen gibt es viel zu sehen.

Was würden Sie auf eine einsame Insel mitnehmen?

Nusa Lembongan:

Die Insel Nusa Lembongan hat sich für viele Bali-Urlauber zu einem beliebten Ausflugsort entwickelt und hat unter den vier benachbarten Inseln die beste touristische Infrastruktur. So einsam werden Sie dort also gar nicht sein. Umgeben von Korallenriffen und weißen Sandstränden bietet die Insel aufregende Aktivitäten wie Schnorcheln, Tauchen und Surfen. Doch wie reisen Sie an?

Nach Nusa Lembongan gelangen Sie ziemlich einfach. Die Insel liegt nämlich nur eine 30-minütige Fahrt mit dem Schnellboot von Bali entfernt.

Die Boote starten am Küstenort Sanur und legen mehrmals täglich vom Pier ab. Fahren Sie am besten schon am frühen Morgen mit dem Taxi oder einem Grab/GoJeK Car nach Sanur und kaufen Sie sich vor Ort Ihr Ticket für das Boot. Sie können den gesamten Ausflug aber auch über eine von vielen Agenturen buchen.

In dem Fall werden Sie morgens von einem Fahrer an Ihrer Unterkunft abgeholt, die Tickets für das Schnellboot sind schon im Preis enthalten und auch auf der Insel selbst brauchen Sie sich nicht mehr um einen Transfer zu kümmern. Das hängt aber natürlich davon ab, ob Sie nur einen Tagesausflug oder einen längeren Aufenthalt auf Nusa Lembongan planen. Ein großer Preisunterschied entsteht dabei allerdings nicht. Die Kosten für eine Tagestour liegen ungefähr bei 350.000 - 400.000 IDR pro Person.

Einmal auf der Insel angekommen ist es am einfachsten, sich mit dem Scooter oder dem Fahrrad fortzubewegen.

Wenn Sie mit dem Scooter unterwegs sind, können Sie problemlos an einem Tag die ganze Insel und die wichtigsten Sehenswürdigkeiten und Strände abfahren.

Panorama Point:

An diesem Aussichtspunkt entstehen die meisten Fotos von Nusa Lembongan. Legen Sie hier auf Ihrer Erkundungstour zumindest einen kurzen Zwischenstopp ein und genießen Sie den tollen Ausblick auf das kristallklare Wasser und die vielen kleinen Boote, die in der Bucht Jungutbatu anlegen.

Besonders schön wirkt das Panorama während des Sonnenuntergangs, aber auch tagsüber lohnt sich diese Aussicht allemal.

Jungut Batu Beach:

Jungut Batu ist der längste Strand auf Nusa Lembongan und Anlegestelle für alle Tourboote und Fischereifahrzeuge. Ein Spaziergang entlang des Strandes mit Blick auf den Mount Batur ist gerade am frühen Morgen oder zum Sonnenuntergang ein tolles Erlebnis. Hier stoßen Sie wirklich auf alles: von alten Holzbooten über Volleyballplätze bis hin zu Rudeln streunender Hunde.**Mushroom Bay:**

Der Mushroom Bay ist ein großartiger Ort, um den Abend ausklingen zu lassen, eine Kleinigkeit zu essen und bei einem Cocktail den Sonnenuntergang zu genießen.

Der Strand ist bekannt für seine gemütliche und familiäre Atmosphäre und hat mit einer Reihe von Restaurants für jeden Geschmack etwas zu bieten.

Devil's Tears:

Mit Panoramablick auf die Küste und einigen der verrücktesten Wellen, die ich je gesehen habe, ist Devil's Tears definitiv einer der coolsten Orte auf der Insel Nusa Lembongan.

Die auf die Felsen aufschlagenden Wellen erzeugen eine Art Sprühregen, der beim Aufprall ins Wasser fast aussieht wie dutzende kleine Wasserfälle. Ein absolut beeindruckendes Beispiel für die Kraft von

Mutter Natur, welches man stundenlang beobachten könnte.

Yellow Bridge:

Seit dem Einsturz der berühmten Gelben Brücke auf Nusa Lembongan im Oktober 2016 wurde sie wieder aufgebaut und in „Die Brücke der Liebe" umbenannt.

Sie ist das Verbindungsstück zwischen Nusa Lembongan und der benachbarten Insel Nusa Ceningan.

Aber nicht nur das. Denn von hier aus fährt mehrmals täglich ein Schnellboot nach Nusa Penida, der dritten und größten der benachbarten Inseln Balis.

Das Ticket kostet 60.000 IDR und die Fahrt dauert ca. 10-15 Minuten.

Ich würde Ihnen empfehlen, die Ausflüge direkt miteinander zu kombinieren, da die Inseln wirklich nur einen Katzensprung voneinander entfernt sind.

Ansonsten erreichen Sie Nusa Penida aber auch auf gleichem Wege mit dem Schnellboot von Sanur aus.

Nusa Penida:

Wie bereits erwähnt ist Nusa Penida die dritte der direkt benachbarten Inseln und liegt noch etwas weiter südöstlich von Bali als Nusa Lembongan und Nusa Ceningan.

Obwohl Nusa Penida um einiges größer ist, hat sie im Gegensatz zu Nusa Lembongan eine eher geringe touristische Infrastruktur. Ein Beispiel dafür sind die teilweise kaum befahrbaren Straßen, die es schwierig machen, die vielen wunderbaren Sehenswürdigkeiten anzufahren.

Aber keine Sorge, die einheimischen Fahrer finden immer einen Weg.

Was gibt es zu entdecken? Einiges!

Die beliebtesten Orte von Penida liegen ausnahmslos alle am Strand, was bedeutet, dass Sie die Insel einmal komplett umfahren müssen. Planen Sie für diesen Ausflug also am besten zwei Tage ein, da es durch den Andrang an Touristen auch mal zu längeren Wartezeiten kommen kann.

Angel's Billabong und Broken Bay:

Angel's Billabong wirkt fast wie ein natürlicher Infinity-Pool direkt am Meer. Schwimmen gehen können Sie in der Bucht theoretisch auch, jedoch kann es je nach Wetterlage und Tageszeit zu starken Strömungen kommen, die nicht zu unterschätzen sind. Die Anfahrt lohnt sich aber auch alleine für den traumhaften Anblick Direkt nebenan und fußläufig erreichbar liegt der Broken Bay.

Was soll ich sagen? Dies ist neben dem Angel's Billabong nur ein weiterer von vielen wunderschön Orten auf Nusa Penida und auf jeden Fall ein Muss auf Ihrer Tour!

Die Aussicht auf die Klippen und das hineinströmende Meereswasser wirkt fast wie ein Kunstwerk. Mit ganz viel Glück entdecken Sie hier vielleicht sogar ein paar herum schwimmende Schildkröten.

Kelingking Beach:

Der sensationellste Strand der Insel, von dem Sie mit Sicherheit auf einigen Social Media Accounts von

Bloggern oder anderen Bali-Urlaubern schon Fotos gesehen haben!

Doch dieses Panorama sollten Sie sich unbedingt live ansehen.

Der Weg dorthin ist über die schlecht asphaltierten Straßen allerdings etwas holprig, besonders wenn Sie mit Scooter unterwegs sind. Dafür sind die Parkgebühren mit nur 5.000 IDR aber ein wahres Schnäppchen. Um über die teilweise sehr steilen Stufen an den unten liegenden Strand zu gelangen, sind stellenweise Ihre Kletterkünste gefragt. Ziehen Sie sich festes Schuhwerk an und planen Sie ca. 20-30 Minuten für den gesamten Abstieg ein.

Unten angekommen, erwartet Sie ein absoluter Traumstrand. Weißer Sand und türkisfarbenes Meer lassen Sie jegliche Anstrengung wieder vergessen.

Wenn Sie sich im Meer ein wenig abkühlen möchten, beachten Sie bitte, dass der Wellengang hier deutlich wilder ist. Gehen Sie also nicht zu tief ins Wasser oder kaufen Sie sich stattdessen lieber ein kaltes Getränk an der Strandbar.

Und denken Sie daran, dass nach jedem Abstieg auch wieder ein Aufstieg kommt.

Rumah Pohon Tree House und Thousand Islands Viewpoint:

Das Rumah Pohon Baumhaus ist eines der neueren Highlights auf Nusa Penida.

Sie können von hier aus nicht nur die atemberaubende Landschaft rundherum genießen, sondern sich sogar einen Kindheitstraum erfüllen und eine Nacht in einem der Baumhäuser verbringen. Bei Airbnb habe ich die Unterkunft für 34€ pro Nacht gefunden. Das ist zwar nicht ganz günstig, aber mit Sicherheit eine Erfahrung wert.

Die Rumah Pohon Baumhäuser erreichen Sie nach einem etwa 10-minütigen Fußweg vom Eingang. Unmittelbar daneben befindet sich auch gleich der Thousand Islands Viewpoint, der sich als weiterer Ort für ein atemberaubendes Urlaubsfoto anbietet. Da hier aber jeder das perfekte Foto schießen möchte, sollten Sie sich eventuell auf längere Warteschlangen einstellen.

Dreamland Beach:

Der Dreamland Beach ist mein absoluter Favorit unter den Stränden auf Nusa Penida und gilt aktuell noch als kleiner Geheimtipp, da er erst seit Oktober 2018 für Besucher zugänglich ist.

Die Stufen, die nach unten zum Strand führen, wurden erst kurze Zeit vorher fertiggestellt und können im Gegensatz zu denen des Kelingking Beachs auch ganz ohne Kletterkünste bewältigt werden.

Der Dreamland Beach wird seinem Namen absolut gerecht und hat mich nicht nur wegen seiner fast schon perfekten Kulisse überzeugt, sondern weil er im Gegensatz zu vielen anderen Stränden ein Stück unberührte Natur ist und seinen Glanz noch nicht verloren hat.

Doch Nusa Penida ist nicht nur für die zahlreichen Aussichtspunkte und traumhaften Strände bekannt, sondern ebenso wie Nusa Lembongan als eines der Gebiete mit dem reichhaltigsten Meeresleben und einer atemberaubenden Vielfalt an Korallen.

Hier wurden bereits mehr als 6.000 Fischarten gesichtet, weshalb es zu einem der weltbekanntesten Ziele für Taucher und Schnorchler geworden ist.

Ich empfehle Ihnen, sich einen Rucksack mit Snacks und Getränken zu packen, denn auf den Strecken zwischen den einzelnen Attraktionen befindet sich oft nicht ein einziges Restaurant. Dennoch habe ich auf der Insel neben den zahlreichen Warungs zwei Lokale gefunden, für die sich die Anfahrt absolut gelohnt hat.

Secret Penida Cafe - Neues Café mit schöner Einrichtung, besonders gutes Frühstück und Mittagessen, guter Kaffee

Penida Colada Beach Bar - tolle Atmosphäre, viel Auswahl an Speisen und leckere Cocktails

Wenn Sie schon einmal bis nach Bali gereist sind, sollten Sie sich den Ausflug nach Nusa Penida, Nusa Lembongan und Nusa Ceningan also definitiv auf Ihre To-Do Liste schreiben.

Die beste Reisezeit

Jetzt haben wir zwar geklärt, wohin Sie reisen, es bleibt aber noch die Frage, wann Sie das am besten tun sollten.

Bali liegt etwa 8 Grad südlich des Äquators. Daher können Sie das ganze Jahr eine Durchschnittstemperatur von 27°C und ein tropisches, warmes und feuchtes Klima erwarten. Unterschieden wird hier ganz einfach in zwei Hauptjahreszeiten: **Trockenzeit** (April-September) und **Regenzeit** (Oktober-März). Die beste Reisezeit für Bali hängt also hauptsächlich vom Wetter und der Hoch- und Nebensaison ab.

Hochsaison ist in den Monaten Juli und August, während der Osterferien und im Zeitraum von Weihnachten und Neujahr.

Dies ist die Zeit, in der Bali mit Abstand am meisten besucht wird und die Strände am vollsten werden.

Daher ist für mich die beste Reisezeit aus vielen Gründen der **April, Mai, Juni und September**, kurz vor- und kurz nach der Hochsaison.

Denn es ist immer noch Trockenzeit, ein weniger feuchtes Klima und macht sich auch bei den Zimmerpreisen bemerkbar. Viele Geschäfte bieten zu dieser Zeit Verkäufe und Aktionen an, Restaurants sind weniger überlaufen und im Allgemeinen ist Bali etwas entspannter.

Aber auch während der Regenzeit ist und bleibt Bali ein magischer und sehenswerter Ort. Normalerweise hört der Regen nach ein paar Stunden auf und die Sonne scheint wieder. Die meiste Zeit regnet es außerdem in der Nacht und tagsüber bleibt es trocken. Dennoch sollten Sie sich bei einem Besuch in der Regenzeit darauf einstellen,

dass der ein oder andere Tagesausflug wortwörtlich auch mal ins Wasser fallen kann.

Ich packe meinen Koffer und nehme mit...

Die Planung für Ihre Reise nach Bali läuft nun auf Hochtouren, doch Sie sind sich unsicher, was Sie alles einpacken sollen? Ich fasse die wichtigsten Dinge kurz für Sie zusammen, damit Sie auch bloß nichts vergessen und mit einem guten Gefühl in den Flieger steigen können.

Kommen wir zuerst zu den wichtigen Dokumenten und Reiseunterlagen, die Sie auf Ihrer Reise unbedingt benötigen:

Reisepass
(Dieser muss bei der Einreise in Indonesien noch mindestens 6 Monate gültig sein.)

Kreditkarte
(Gehen Sie auf Nummer sicher und nehmen Sie zwei Karten mit, denn bei Verlust oder Missbrauch stehen Sie schnell ohne jede Möglichkeit, um an Bargeld zu kommen, da.)

Internationaler Führerschein

(digitale) Kopien von Reisepass und Auslandskrankenversicherung

Nachweis über Rückflug-/Ausreiseticket
(Das ist bei manchen Airlines tatsächlich erforderlich und muss schon vor Abreise vorgelegt werden, da

sonst möglicherweise eine Einreise in Indonesien nicht gestattet wird.)

Ob Rucksack oder Koffer, diese Dinge sollten Sie neben Badesachen noch einpacken:

T-Shirts und kurze Hosen
(Tagsüber ist es meistens sonnig und sehr warm. Durch das tropische Klima gerät man schon mal leicht ins Schwitzen, weshalb Sie genügend Wechselkleidung einplanen sollten.)

Sweatshirt und lange Hose
(falls es gegen Abend doch mal ein wenig kühler werden sollte oder Sie die Wanderung zum Mount Batur planen)

Bikini und Badehose
(Ich glaube, das versteht sich von selbst.)

Ein Strandtuch
(Dieses können Sie sich aber theoretisch auch vor Ort bei einer der netten Strand-Verkäuferinnen kaufen.)

Sandalen und festes Schuhwerk

Kopfbedeckung
(für den Strand und bei längeren Ausflügen mit wenig schattigen Plätzen)

Sonnenbrille

Auf Bali kann man übrigens auch sehr gut shoppen.

Daher mein Tipp: Lieber weniger einpacken und mehr Platz für etwas Neues lassen.

Waschen können Sie Ihre Kleidung hier aber ansonsten auch. Die meisten Hostels, Hotels und Homestays bieten einen Laundry-Service an und eigentlich gibt es auch an jeder Straßenecke eine Wäscherei, wo Sie Ihre Wäsche für ca. 12.000 IDR ganz einfach abgeben können.

Vorsicht bei weißer Kleidung!

Oft werden die hellen Sachen nicht von den bunten getrennt, sodass es zu blöden Flecken kommen kann, die sich leider nicht mehr auswaschen lassen.

Zwar sind Kosmetik- und Hygieneartikel auf Bali nicht wesentlich günstiger als in Deutschland, dennoch können Sie ein wenig des Gewichts Ihres Gepäckstückes einsparen, indem Sie nur das Notwendigste mitnehmen.

Hier nur ein paar Dinge, die Sie vor Ort eventuell nicht oder nur zu überdurchschnittlichen Preisen finden können:

Sonnencreme

(davon ruhig reichlich, weil hier den ganzen Tag die Sonne scheint und weil diese hier deutlich teurer ist)

Reiseföhn

(Den gibt es in vielen Unterkünften nicht, ist aber meiner Meinung auch nicht unbedingt notwendig, da die Haare auch blitzschnell an der Luft trocknen.)

Hand-Desinfektionsmittel

tropisches Mückenspray

Kleine Reiseapotheke
(z.B. Kopfschmerztabletten, Pflaster und etwas gegen Magen- und Darmbeschwerden)

Was Sie an Kosmetik oder Pflegeprodukten sonst noch so brauchen ,ist aber natürlich Ihnen überlassen. Und nicht zu vergessen, bevor Sie in den Flieger steigen:

- **Nackenhörnchen**
- **Kopfhörer**
- **Ladekabel und/oder Powerbank**
- **Ohrstöpsel**
- **Snacks**

Jetzt geht's los

Der Ngurah Rai International Airport ist Indonesiens zweitgrößter Flughafen und liegt 13 km südlich von Balis Hauptstadt Denpasar.

Die Reisedauer von Deutschland nach Bali liegt zwischen 16 und 18 Stunden, je nach Airline und der Anzahl an Zwischenstopps. Die Preise für Hin- und Rückflug schwanken je nach Buchungstermin und sind auch stark vom Abflughafen in Deutschland abhängig.

Hier empfiehlt es sich von einem der größeren Flughäfen wie Frankfurt, Berlin, Düsseldorf oder München abzufliegen.

Für mich war der angenehmste Flug mit der kürzesten Reisedauer bisher von Frankfurt über Singapur mit Singapore Airlines.

Mittlerweile fliegen aber unzählige Airlines den internationalen Flughafen Ngurah Rai an und deshalb lohnt sich ein Preisvergleich verschiedener Anbieter und Fluggesellschaften. Ich buche meine Flüge meistens über die App Skyscanner.

Wenn Sie früh genug buchen, finden Sie Hin- und Rückflug schon für insgesamt 600€. Es geht aber theoretisch noch günstiger, sofern Sie kein Problem mit längeren Wartezeiten und mehreren Zwischenstopps haben.

Willkommen im Tropenparadies

B ei der Anreise nach Bali ist eine Visumspflicht zu beachten. Reisende mit deutscher Staatsangehörigkeit benötigen einen Reisepass, der zum Zeitpunkt der Einreise in Indonesien noch mindestens sechs Monate gültig ist.

Das klassische Touristenvisum ist 30 Tage gültig und kostenlos. Manchmal wird bei der Ankunft die Vorlage eines Rückflugtickets gefordert.

Für den Fall, dass Sie spontan über die Dauer Ihrer Reise entscheiden wollen, empfehle ich Ihnen, vor Ort das sogenannte "Visa on Arrival" (VOA) zu beantragen.

Dieses kostet 30€ und kann direkt am Schalter bar oder mit Kreditkarte gezahlt werden. Das VOA ermöglicht Ihnen einen Aufenthalt von insgesamt 60 Tagen.

Beachten Sie jedoch, dass Sie dieses spätestens 7 Tage vor Ablauf der ersten 30 Tage selbstständig verlängern müssen. Erschrecken Sie sich beim Verlassen des Flughafens bitte nicht, denn Sie laufen direkt auf eine Wand aus 200 Taxifahrern zu.

Jeder einzelne Fahrer bietet Ihnen zwar einen "Good Price", aber oft versuchen sie die Unwissenheit der Touristen auszunutzen und Ihnen das Geld aus der Tasche zu ziehen. Scheuen Sie sich also nicht zu handeln oder lassen Sie sich vorab an einem der Informationsschalter über die Preise beraten. Viele der Hotels oder Homestays bieten aber schon bei der Buchung Ihrer Unterkunft einen kostenlosen Airport-Shuttle an. Falls nicht, scheuen Sie sich nicht nachzufragen.

Denn der Preis wird in jedem Fall günstiger sein als der am Flughafen angebotene.

Terima Kasih

Wenn Sie es bis hierher geschafft haben, steht einem erlebnisreichen Aufenthalt auf Bali hoffentlich nichts mehr im Wege. Ich wünsche Ihnen nicht nur eine Reise voller unvergesslicher Momente und traumhafter Sonnenuntergänge, sondern hoffe auch, dass Bali Sie genauso sehr verzaubert wie mich.

Packliste

Geld & Finanzen

O (evtl.) Auslandswährung
O Bargeld
O Bauchtasche
O Brustbeutel
O Bauchtasche
O EC-Karte
O Kreditkarte
O Notfall-Telefonnummern der Banken
O Portmonee

Hygiene

O Haarbürste / Kamm
O Deo (klein)
O Shampoo
O Kulturtasche
O Sonnencreme

O Taschentücher
O Reise-Zahnbürste und Zahnpasta
O Verhütungsmittel

Kleidung

O Badeklamotten
O Gürtel
O Hosen kurz / lang
O Mütze / Cap / Hut
O Pullover
O Regenjacke
O Schlafanzug
O Socken
O Sonnenbrille
O Sportklamotten / Jogginghose
O T-Shirts
O Unterwäsche

Medikamente

O Blasenpflaster

O Anti-Durchfalltabletten

O Erste-Hilfe-Set

O Fiebertabletten

O Fiebertabletten

O Mückenschutz

O sonstige Medikamente

O Pflaster

O Kopfschmerztabletten

Unterlagen & Papiere

O ADAC Unterlagen

O Adresslisten für Postkarten

O Krankversicherungsnachweis

O Stadtplan

O Führerschein

O Unterlagen für die Unterkunft

O Wasserdichte Hülle für Reiseunterlagen

O Impfausweis

O Mietwagenunterlagen

O Personalausweis

O Reisepass

O Reisetagebuch

O evtl. Studentenausweis
O evtl. Visum
O Zug- / Bahn- / Flugticket

Taschen & Rucksäcke

O Koffer / Trolley / Reisetasche
O Regenhülle für Rucksack
O Rucksack

Schuhe

O Badeschlappen / Hausschuhe
O Schuhe und Wechselschuhe

Sonstiges

O Brille / Kontaktlinsen und Etui
O Buch zum Lesen
O Ohrenstöpsel und Schlafmaske

O Regenschirm

O Reisedecke

O Wasserflasche

O Wörterbuch

Elektronik

O Digitalkamera

O Handy

O Ladekabel

O Kopfhörer

O evtl. Steckdosenadapter

O Power-Bank

Falls du das Taschenbuchformat erworben hast, erhältst du bei uns auch immer kostenlos das entsprechende eBook dazu. Du findest es in deinem Amazon-Konto.

Als Kunde unseres Verlagshauses hast du die Möglichkeit, dich mit unserem Mutterverlag bei Facebook zu verbinden und dir deinen Zugang zu unserem exklusiven Online-Archiv zu sichern. Du hast dort direkten Zugang zu vielen unserer Bücher und kannst dir diese kostenlos als PDF downloaden.

www.bit.ly/inselliebe-verlag

Zusätzlich hast du die Möglichkeit, über unsere Neuerscheinungen informiert zu werden und diese innerhalb der ersten 5 Tage kostenlos als eBook herunterzuladen.

Klicke jetzt auf den Link, um dir kostenlos deinen Lesestoff zu vielen interessanten Themen zu sichern!

Herstellung und Verlag:

BoD – Books on Demand, Norderstedt

ISBN: 9783750405561

1. Auflage

Kontakt: Psiana eCom UG/ Berumer Str. 44/ 26844 Jemgum

Covergestaltung: Fenna Larsson

Coverfoto: depositphotos.com